피·아·노·로·연·주·하·는

드라마
OST

· ·

장소라 편곡

KB191651

태림스코어

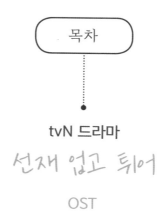

목차

tvN 드라마

선재 업고 튀어

OST

Original Ver.

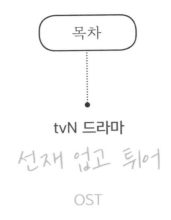

목차

tvN 드라마

선재 업고 튀어

OST

Easy Ver.

부록

피·아·노·로·연·주·하·는

드라마
OST

Original Ver.

봄눈

Cause I'm falling slowly love with you

오랫동안 기다려온
너는 봄이야

Cause I'm falling slowly love with you

다시 지워진다 해도
All my life is you

Song by
10CM

작사·작곡 최인영

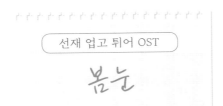

선재 업고 튀어 OST

봄눈

너는 아름다운 기억
누군가의 서툰 첫사랑
잊지마 너는 그렇게 찬란히 빛나

때로 숨고 싶어지면
우릴 감싸주는 저 밤 하늘처럼
언제나 함께 할 거야

You're like a shooting star

Star

Song by
엔플라잉(N.Flying)

작사 아슬, 정구현
작곡 정구현

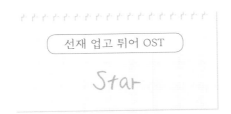

선재 업고 튀어 OST

Star

Run Run

I'm ready to
Run run 내 옆에 너를 안고
Run run 넘어져도 Start again
끝없이 펼쳐진 하늘 위로 Fly forever
이대로 달려갈게

I Run 거친 바람 가르고
난 다시 높이 날아올라
피어난 My dreams
희망을 향해 뛰어 자유롭게

So I'm running

Song by

이클립스(ECLIPSE)

작사 수윤, 한성호
작곡 정진욱, 이성준, Jacob Aaron

선재 업고 튀어 OST

Run Run

You & I

내게 말해줘 너를 사랑해
언제나 네 곁에 있을게
모든 시간 모든 날 너와 함께

Just you and I oh you and I
You and I just you and I
You and I oh you and I
You and I just you and I

내게 말해줘 너를 사랑해
언제나 네 곁에 있을게
모든 시간 모든 날 너와 함께

Just you and I

Song by

이클립스(ECLIPSE)

작사·작곡 Taylor, 김민

선재 업고 튀어 OST

You & I

모범 연주

내게 들려와 - - 어디라도 - - 난 느 - 낄 수 - 있 어

- 수많은 밤과 - - 어둠에도 - 네가 있 - 어 괜 - 찮 아

- 지쳐 힘 - 에 겨 - 워 도 - 너에게 - 닿을 걸 알 아 -

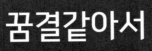

꿈결같아서

everything to me
흩어진 시간 속에
어느샌가 내 곁에 다가온
그대 향기가

사라지지 않게
멀리 가지 않을게
꼭 잡은 두 손을 놓지마
지금 이 순간 everything

with you
널 안을지도 몰라
be with you

Song by
민니

작사 아슬, 정구현
작곡 정구현

선재 업고 튀어 OST

꿈결같아서

모범 연주

선물

Maybe this time
난 너의 곁을 또 맴돌아
운명처럼 지울 수 없는 너

다시 한번 너에게 닿을까
그 어떤 시간 속에 있는다 해도
나는 너야

Song by
하성운

작사 최인영
작곡 윤영준

선물

A Day

하루 종일 너를 그리워 하다
우리의 시간을 다시 되돌리고 싶어

어떤 날이 온대도 내가 널 기억해
가슴속 깊이 스며든 너의 이름을

그땐 다시 내게 나타나줘요
네 손 꼭 잡을테니까

운명처럼 다시 찾아온다면
아무 일 없듯이 나를 안아주면 돼요

어떤 날이 온대도 내가 널 기억해
가슴속 깊이 스며든 너의 이름을

Song by
종호

작사 한재완, 박정준
작곡 한재완

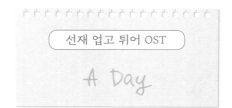

선재 업고 튀어 OST

A Day

모범 연주

소나기

그대는 선물입니다
하늘이 내려준

홀로 선 세상 속에
그댈 지켜줄게요

어느 날 문득
소나기처럼
내린 그대지만

오늘도 불러 봅니다
내겐 소중한 사람

Song by
이클립스(ECLIPSE)

작사 수윤, 한성호
작곡 박수석, 한성호, Moon Kim

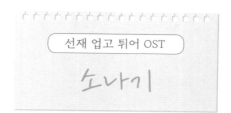
선재 업고 튀어 OST

소나기

모범 연주

그 치지-않기를 바 -랬죠 -처 음 그대- 내게 로 오던 그 날에 -   잠

시 동안- 적 시는- 그 런 비가-아 -니 -길 간 절히- 난바- 래왔- 었

그랬나봐

그랬나봐 나 널 좋아하나봐
하루하루 니 생각만 나는걸

널 보고 싶다고 잘할 수 있다고
용기내 전활걸고 싶었는데

그게 잘 안돼 바보처럼

Song by
유희승

작사·작곡 유희열

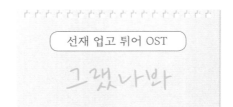

선재 업고 튀어 OST

그랬나봐

모범 연주

57

My Only One Star

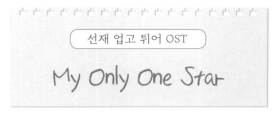

선재 업고 튀어 OST

My Only One Star

- BGM -

63

피·아·노·로·연·주·하·는

드라마
OST

Easy Ver.

Song by
이클립스(ECLIPSE)

작사 수윤, 한성호
작곡 박수석, 한성호, Moon Kim

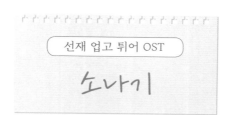

선재 업고 튀어 OST

소나기

68

Song by
유희승

작사·작곡 유희열

선재 업고 튀어 OST

그랬나봐

73

Song by
종호

작사 한재완, 박정준
작곡 한재완

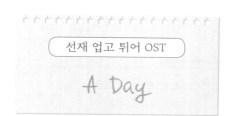

선재 업고 튀어 OST

A Day

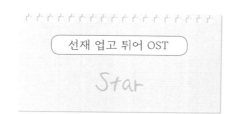

선재 업고 튀어 OST

Star

피·아·노·로·연·주·하·는

드라마
OST

부록

✓ 명곡 메들리
✓ 4 Hands

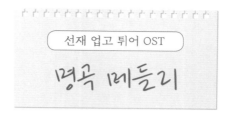

명곡 메들리

- 소나기 · 선물 · 그랬나봐 · Run Run -

Run Run

88

89

91

Song by
이클립스(ECLIPSE)

작사 수윤, 한성호
작곡 박수석, 한성호, Moon Kim

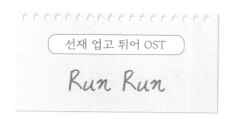

선재 업고 튀어 OST

Run Run

- 4 Hands -

2nd.

1st.

장소라

칸타빌레북스 출판사 대표, 스코어 프로듀서
문화예술서적 기획자, 음악작가
Kocaca 문화기반연구소, KMCAband 한국다문화연대

저서
- 임영웅 IM HERO 악보집
- 김호중 우리가(家) 악보집
- 미스&미스터트롯 히트송 모음집
- 잔나비 JANNABI 피아노 연주&반주곡집
- 아이유 IU 피아노 연주&반주곡집
- 엘튼존 Elton John (Rocketman OST) 피아노 연주&반주곡집
- 워너원 Wanna One 피아노 연주곡집
- 라라랜드 LaLaLand OST 피아노 연주곡집

유튜브 채널 SORA감성건반
인스타그램 @llehspot

피·아·노·로·연·주·하·는

드라마
OST

발행일 2024년 9월 9일
편곡 장소라

편집진행 황세빈 · **디자인** 김은경 · **사보** 전수아
마케팅 현석호 · **관리** 남영애, 김명희

발행처 (주)태림스코어
발행인 정상우
출판등록 2012년 6월 7일 제 313-2012-196호
주소 서울시 은평구 증산로 9길 32 (03496)
전화 02)333-3705 · **팩스** 02)333-3748

ISBN 979-11-5780-392-7-13670